M. LORENTZ

SA VIE ET SES ŒUVRES

PAR

M. TASSY

Conservateur des forêts.

***

PARIS

AU BUREAU DE LA REVUE DES EAUX ET FORÊTS

RUE FONTAINE-AU-ROI, 13

—

1866

M. LORENTZ

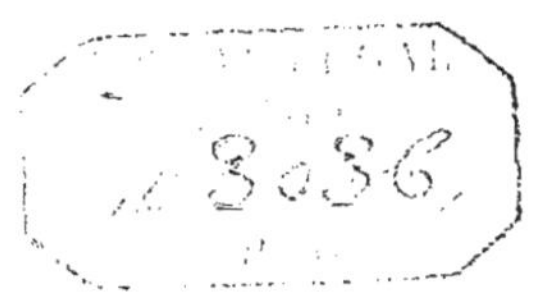

SA VIE ET SES ŒUVRES

I

Lorentz et Parade! voilà deux noms qui resteront attachés à l'organisation scientifique de l'administration forestière de notre pays, et que les agents de cette administration ne sépareront jamais dans leur reconnaissance.

Ceux qui portaient ces noms vénérés ne sont plus : il y a déjà plus d'un an que M. Parade nous a quittés. — Plus d'un an ! M. Lorentz allait le rejoindre quelques mois plus tard. Le premier est mort dans la force de l'âge ; à la douloureuse stupéfaction de ses amis, il a disparu subitement, comme ferait un astre parvenu à peine à son zénith. Le second a succombé sous le poids des ans, comme un astre qui, après avoir accompli sa révolution, s'éclipse à l'horizon, mais en gardant, jusqu'à la fin, tout son éclat. Le ciel ne les avait amoindris ni l'un ni l'autre, avant de nous les ravir ; nous devons l'en remercier, car il n'y a pas de plus navrant spectacle que celui d'une belle intelligence qui s'éteint dans un corps encore vivant. Le plus-âgé, qui regardait le plus jeune comme son fils, comme le continuateur de son œuvre, n'est parti qu'après lui, et, par conséquent, s'est vu mourir deux fois. J'ai écrit la vie de M. Parade ; je vais écrire celle de M. Lorentz, mais ma tâche est moins aisée. Je n'ai pas eu avec M. Lorentz d'aussi fréquentes relations qu'avec M. Parade, et, c'est par ce que m'en ont dit les membres de sa famille, ses anciens élèves et ses amis, plutôt que par mes observations personnelles, que je me suis fait une opinion sur son compte. Au reste, cette manière de juger un homme n'est pas la moins sûre, quand cet homme a eu, comme M. Lorentz, le don d'inspirer de fortes sympathies.

Tout en personnifiant dans MM. Lorentz et Parade la réformation de l'administration forestière, je n'oublie pas qu'il y a eu et qu'il y a, parmi les sylviculteurs français, d'autres individualités très-estimables ; je constate seulement que leurs noms ont été placés au-dessus de tous les autres et que cet hommage leur était dû. Ces deux forestiers n'ont cependant pas toujours tiré de leur propre fonds, il s'en faut de beaucoup, ce qu'ils nous ont appris. Ils se sont faits, souvent, les interprètes d'idées et de doctrines qui étaient déjà dans la publicité. Leur mérite est d'avoir su les épurer, les compléter et les coordonner: rare mérite ! et de tous, le moins contestable et le plus précieux sans contredit. En effet, lorsqu'il s'agit de découvertes, en matière forestière particulièrement, nul ne saurait séparer, avec certitude, ce qui lui est propre de ce qu'il a emprunté. Les observations se produisent et se répandent, parfois, sans que l'on en connaisse les auteurs ; on les adopte, on les repousse ; elles disparaissent sur un point, pour reparaître sur un autre ; elles flottent en désordre, sans grande utilité, jusqu'à ce que des hommes viennent, qui les recueillent, les classent, après les avoir fait passer au creuset d'une critique sévère, et en forment des systèmes. Il n'y aurait pas de progrès durable dans les sciences, sans ce travail de synthèse, qui est le privilége de la supériorité.

Bernard Lorentz naquit à Colmar (Haut-Rhin), le 25 juin 1775. Il appartient donc à cette génération qui a grandi au milieu des orages de la révolution de 1789, et qui y a puisé cette trempe singulière que les violentes commotions donnent aux natures d'élite. A Dieu ne plaise que je veuille ici faire de la politique ! Je me bornerai à rappeler, après tant d'autres, que si cette phase mémorable de notre histoire a terrifié le monde par d'implacables colères, elle l'a ébloui par les plus nobles passions qui aient jamais agité les hommes ; que si elle fut attristée par de sanglantes erreurs, elle les racheta par d'immenses bienfaits. Nous lui devons, qui l'ignore ? la souveraineté populaire substituée au droit divin, l'abolition de toutes les castes, de tous les priviléges, l'égalité de tous les citoyens devant la loi, chose qui ne s'était jamais vue chez aucun peuple, l'unité nationale enfin. Ces réformes sociales et politiques étaient depuis longtemps dans les esprits ; elles furent inscrites dans nos lois, et elles le furent, au bruit du canon, tonnant victorieusement sur vingt champs de bataille, pour défendre nos frontières contre l'Europe coalisée. Il n'y a rien de comparable dans les annales de l'humanité.

Nos ancêtres n'auraient pu accomplir ces glorieux exploits, s'ils n'avaient poussé jusqu'à l'héroïsme l'amour de leur pays, le sentiment de la solidarité humaine, et celui de la dignité personnelle. Jamais les hommes n'ont eu une plus haute opinion de leurs droits, et n'ont été cependant plus disposés à en faire le sacrifice au bien public. Jamais, non plus, ils n'allièrent à autant d'effervescence dans les idées généreuses, autant de rigueur dans le raisonnement. La culture des sciences positives, à laquelle ils s'adonnèrent avec l'ardeur qu'ils mettaient à tout, en fournissant à leur industrie des forces merveilleuses, pourvut leur esprit de la méthode et de l'exactitude indispensables, pour que ces forces pussent être maîtrisées.

Ces qualités saillantes de nos pères, le patriotisme, le sentiment de la solidarité humaine et le sentiment de la dignité personnelle, étaient également celles de M. Lorentz. Il n'est donc pas surprenant qu'il ait eu du goût pour les forêts, pour le genre de biens dont la conservation importe le plus à celle des sociétés, qui est le moins susceptible d'appropriation privée, et dont la gestion ne peut être satisfaisante, qu'à la condition de se dégager des considérations inhérentes à la brièveté de la vie individuelle. Nous verrons, en outre, que le sentiment qu'il avait de sa dignité lui fit supporter, avec une inébranlable fermeté, les plus rudes épreuves, et que ce fut par suite de la rectitude de son esprit qu'il parvint à saisir les vrais rapports des choses, à en déduire les conséquences logiques, et à formuler ses préceptes avec clarté et précision.

De taille moyenne, simple dans ses allures et dans son maintien, M. Lorentz ne se révélait point au premier abord ; ses traits, quoique très-distingués, très-fins, n'absorbaient pas l'attention, quand il était dans son état habituel ; mais, une pensée intéressante traversait-elle son cerveau, ouvrait-il la bouche pour l'exprimer, aussitôt, sa figure s'illuminait, s'entourait d'une sorte d'auréole, et l'intelligence y imprimait un cachet de supériorité devant lequel on s'inclinait sans hésitation. Il impressionnait, surtout, par la vivacité et la justesse de ses appréciations : soit qu'il eût à louer, soit qu'il eût à blâmer, sa parole était incisive et catégorique, sans ambages d'aucune sorte ; ses éloges étaient chaleureux, ses critiques emportaient le morceau. Ses jugements avaient beaucoup de force, parce qu'ils étaient affranchis de tout préjugé, de toute prévention. M. Lorentz était doué de la véritable originalité, celle qui consiste non dans l'excentricité, mais dans l'indépendance de la pensée. Je ne crois pas qu'on ait jamais pu lui reprocher de s'être laissé imposer une opinion ou de l'avoir adoptée sans examen, d'avoir propagé une idée sur la seule autorité de la personne qui l'avait conçue, d'avoir renoncé à son libre arbitre dans une circonstance quelconque. Sa légitime et ferme prétention de n'obéir qu'à la voix de la raison et de sa conscience, ne fut pas affaiblie même par le temps, même par le poids des années. A l'âge de quatre-vingt-dix-ans, il l'avait encore tout entière, et il l'avait avec l'ardeur de la jeunesse, c'est-à-dire avec le regard tourné vers l'avenir. Quand il rencontrait des jeunes gens, comme il y en a trop aujourd'hui, qui étaient indifférents aux nouveautés, aux recherches, aux découvertes de l'art ou de la science, il les gourmandait vertement. Ce fait, dont j'ai plusieurs fois été témoin, est significatif, et suffirait à prouver que M. Lorentz n'était point un homme ordinaire. Il y a des natures qui sont toujours jeunes ; il y en a qui ne le sont jamais, en ce sens que, pour elles, la jeunesse n'est qu'un mouvement plus accéléré du sang et des humeurs. La nature de M. Lorentz était de celles qui ne vieillissent pas.

Je n'ai pu me procurer aucun détail sur son enfance. C'est regrettable. On aime à connaître ce que furent, au début de leur existence, les hommes qui ont eu une action sur leur époque, et à rechercher, dans leurs ébats enfantins, les signes précurseurs des actions de leur âge mûr. Tout ce que je sais des premières années de la vie de M. Lorentz, c'est qu'il les a passées à Colmar, au milieu d'une nombreuse famille où les talents abondaient, et dont il conserva d'excellentes impressions.

Son grand-père était médecin de la maison de Deux-Ponts (souche de la famille régnante de Bavière), qui possédait avant la révolution la seigneurie de Ribeauvillé, où elle séjournait une partie de l'année.

Deux de ses oncles, qui avaient embrassé la profession de leur père, parcoururent une brillante carrière, comme médecins en chef des armées d'Allemagne et d'Italie.

Son père, qui était versé dans la science du droit, remplit d'abord les fonctions de bailli dans la haute Alsace. Après la révolution, il eut la direction d'un hôpital militaire qui avait été fondé à Ribeauvillé, et termina sa carrière, dans cette ville, en qualité de juge de paix du canton. Il avait épousé la fille d'un avocat de Colmar, femme douée d'un caractère fortement trempé qu'elle transmit à ses enfants. De ce mariage étaient issus deux fils et quatre filles.

Bernard était l'aîné de la famille. Après avoir fait de bonnes études au collége de sa ville natale, il en sortait à l'âge de seize ans. Resté fils unique par la mort prématurée de son frère, il passa quatre années, sans vocation déterminée, tantôt à Paris, tantôt à Colmar. Pris ensuite par la conscription de 1795, il fut incorporé dans la 31ᵉ demi-brigade et utilisé dans les bureaux de l'hôpital militaire de Strasbourg ; mais on lui délivra bientôt un congé de réforme (25 octobre 1797), comme étant hors d'état de continuer ses services militaires, à cause de sa vue basse.

Il vivait entièrement libre et sans emploi à Strasbourg au commencement de 1798. Une circonstance fortuite décida de son avenir : un Strasbourgeois de la suite du conventionnel Lakanal, commissaire de la République dans les nouveaux départements du Rhin, apprenant les assiduités du jeune Lorentz auprès d'une demoiselle que lui-même courtisait, écarta ce rival dangereux en lui faisant obtenir les fonctions de secrétaire de M. Bernier, inspecteur général des forêts du département du Mont-Tonnerre. Bizarrerie de la destinée ! Sans les beaux yeux d'une jeune Strasbourgeoise, la sylviculture française était peut-être arrêtée dans ses progrès.

M. Bernier résidait à Mayence. C'était un homme de plaisir que le travail fatiguait, et qui s'en remettait volontiers à son secrétaire des principaux détails du service. Son salon était le rendez-vous des Français de distinction qui habitaient Mayence. On y voyait aussi les forestiers allemands auxquels la République avait eu la sagesse de conserver leurs fonctions. M. Lorentz put, en même temps, s'initier aux usages du monde, contracter d'utiles relations, et s'habituer au traitement des affaires. Désireux, cependant, de pénétrer plus avant dans cette science forestière qui lui inspirait, comme par intuition, le plus vif attrait, il sollicita des attributions actives. L'administration accueillit sa demande et le nomma, par une commission en date du 12 floréal an VII (1ᵉʳ mai 1799), sous-inspecteur des forêts de l'arrondissement de Mayence. C'est par conséquent de cette époque que datent sa vie forestière, ses études sérieuses et ses services réels.

Le massif principal des forêts de sa circonscription étant éloigné de plus de douze lieues de Mayence, M. Lorentz s'établit à Kircheimpoland, petit bourg situé au pied du mont Tonnerre, et fit sa résidence d'un château, ancienne habitation des ducs de Nassau. La sylviculture était en honneur dans ce centre forestier. On s'y tenait au courant des publications qui la concernaient. Hartig et Cotta remplissaient déjà l'Allemagne de leur renommée. Le premier avait fait paraître son *Traité d'aménagement* (en 1795) ; le second préparait le sien, que l'on imprima en 1804. De toutes parts, dans les congrès, dans les journaux spéciaux, des sujets d'économie forestière étaient mis en discussion. M. Lorentz, qui savait parfaitement la langue allemande, s'empressa de s'associer à ce mouvement scientifique. Sous ses ordres était alors un chef de cantonnement nommé Drœsler, homme très-capable, qui occupa plus tard un poste élevé dans le duché de Nassau. Cet agent lui apprit la pratique du métier. D'un autre côté, M. Denys, inspecteur à Mayence, lui témoignait la plus entière confiance et le chargeait de le suppléer, pendant ses absences, qui étaient fréquentes. A ces satisfactions administratives se joignaient les douceurs de la famille, deux de ses sœurs étant venues se fixer avec lui à Kircheimpoland. Malheureusement, une si calme existence ne pouvait avoir une longue durée dans l'état fiévreux du monde. La loi du 6 janvier 1801, qui organisait l'administration des forêts, ayant entraîné la suppression de la sous-inspection de Mayence, le cantonnement de Kircheimpoland fut scindé en deux. Bernard Lorentz, commissionné comme garde général le 6 brumaire an X (11 novembre 1801), reste dans sa nouvelle qualité à Kircheimpoland, jusqu'au 22 prairial an XI (12 juin 1803) ; puis il est envoyé avec M. Chauvet, administrateur des forêts, dans le Hanovre, pour y organiser le service forestier, et constater les ressources de notre nouvelle conquête.

Dans le cours de cette mission, M. Lorentz se lia avec des hommes de mérite, et, entre autres, avec MM. Baudrillart, qui remplissait déjà des fonctions élevées à Paris, Zœpffel et Kolb, inspecteurs, qui devaient l'un et l'autre être conservateurs en France, Schultz, forestier allemand d'une grande valeur, promu plus tard dans son pays au rang d'administrateur, et dont il sut mettre à profit l'expérience et les conseils. Il parcourut tout le Hanovre et poussa ses explorations jusqu'à Brême et à Lubeck. L'ancienne régence du pays avait été respectée pour tous les détails administratifs. Les forestiers locaux avaient été maintenus en place, ainsi que tous les employés civils. Le jeune Lorentz eut donc encore l'occasion, qu'il ne laissa pas échapper, d'augmenter son instruction, et il le put grâce à la touchante confraternité qui ne cessa d'exister entre les forestiers français et les forestiers allemands, malgré la guerre que se faisaient leurs gouvernements respectifs. Quand il s'agissait de sauvegarder les forêts, ils étaient toujours d'accord et semblaient défendre des intérêts communs. La régence de Hanovre craignait que la mission des forestiers français n'eût pour conséquence de ruiner, ou au moins d'appauvrir ses forêts ; il n'en fut rien : ces messieurs ne provoquèrent aucune coupe extraordinaire, et M. Lorentz, notamment, se comporta dans cette circonstance avec tant de modération et de sagesse, que la régence lui fit cadeau, lorsqu'il partit, d'une voiture et de deux chevaux.

Une autre récompense attendait M. Lorentz à son retour à Mayence : une décision du 12 pluviôse an XI (2 février 1804) l'avait nommé sous-inspecteur à Bonn (dép. de Rhin-et-Moselle) ; mais le conservateur de Mayence, M. Brunel, contrarié de voir s'éloigner un agent qu'il appréciait beaucoup, suspend son installation, jusqu'à ce qu'il ait obtenu, pour lui, une commission de sous-inspecteur à la résidence de Spire (16 messidor an XII, 5 juillet 1804). Cette sous-inspection comprenait les arrondissements communaux de Mayence et de Spire (département du Mont-Tonnerre) ; elle était de première classe, aux appointements de 2,000 francs. M. Lorentz se résigna facilement à continuer ses fonctions dans une localité où il était très-recherché. Néanmoins, il éprouvait le besoin de se rapprocher de ses parents et de sa ville natale, et lorsqu'au bout de deux ans, on lui fit l'offre de permuter avec le sous-inspecteur de Sainte-Marie aux Mines (Haut-Rhin), il la saisit avec empressement. Autorisé à résider à Ribeauvillé, au sein même de sa famille, il s'y établissait le 8 août 1806.

Le séjour de M. Lorentz en Allemagne avait duré huit ans et demi. Il en revenait, étant encore dans toute la verdeur de la jeunesse, avec un fonds d'expérience et des principes arrêtés, qui lui assuraient la prééminence parmi les forestiers de son pays. Son nouveau cantonnement s'étendait depuis la vallée de Sainte-Marie aux Mines jusqu'à celle de Guebwiller, et contenait plus de 25,000 hectares de forêts de sapins mélangés de hêtres, où régnait le plus fâcheux désordre. Il se livra tout entier à leur restauration, et y pratiqua la méthode du réensemencement naturel et des éclaircies, qu'il avait étudiée dans le Palatinat. C'est à son initiative qu'appartient l'honneur des premières applications de cette méthode dans les sapinières de France. C'est dans les mêmes sapinières qu'il a goûté plus tard une joie rarement départie aux forestiers : celle de retrouver à l'état de haute futaie, les repeuplements dont il a provoqué la naissance. Là se sont écoulées les plus belles années de son existence, les années dont le regret se faisait le plus vivement sentir, au milieu des soucis d'une position plus élevée. En octobre 1809, il choisissait dans une famille des plus honorables de Strasbourg l'épouse qui devait, pendant vingt-six ans, lui procurer les joies de l'union la plus étroite, Caroline Kleimann, femme d'un grand cœur et d'une rare intelligence, dont il eut neuf enfants dignes d'elle et de lui.

Cependant les années se succédaient; M. Lorentz voyait s'accroître ses charges, sans que ses ressources augmentassent; il dut s'occuper de son avancement, plus qu'il ne l'avait fait jusqu'alors, et sacrifier à ses devoirs de père de famille l'agrément qu'il retirait de ses fonctions administratives. Les mouvements étaient rares dans ce temps, les règles de la hiérarchie bien souvent enfreintes : on disposait des emplois supérieurs dans l'intérêt des invalides de la gloire, sinon dans celui des forêts. M. Lorentz s'estima heureux, après seize ans de services, d'être attaché en qualité d'inspecteur adjoint à l'inspecteur de Wissembourg; mais à peine était-il installé à sa nouvelle résidence, que son repos était encore troublé par un terrible événement, l'invasion étrangère. Il n'avait pas un moment à perdre pour mettre sa famille à l'abri des événements : munie d'un sauf-conduit et accompagnée d'un fidèle serviteur (1), sa femme traverse les lignes des alliés, avec ses enfants en bas âge, et se renferme dans Strasbourg investi. Quant à lui, il se met à la tête d'un détachement de gardes et de douaniers, organisés en corps de partisans, et participe à plusieurs engagements avec une bravoure qui lui vaut les éloges du général Rapp; puis, lorsque le calme est rétabli, il reprend le cours de ses travaux.

____

(1) Le vieil Anton Fischer, que plusieurs générations d'élèves ont connu à Nancy.

Sa gestion embrassait plus de 20,000 hectares, presque entièrement en futaies de chênes, hêtres et pins. Dans ces forêts-là aussi, il a effectué des coupes d'ensemencement qui ont très-bien réussi ; en outre, il y a introduit l'emploi des semis de pin sylvestre, pour régénérer les terrains appauvris par les exploitations à tire et aire. M. du Theil, inspecteur général des forêts, ayant eu à vérifier sa gestion, en fit le rapport le plus favorable, et conçut pour le laborieux agent des sentiments d'estime et d'affection qui ne se démentirent jamais.

M. Lorentz était depuis trois ans à Wissembourg ; il s'y plaisait et espérait y demeurer longtemps encore, quand survint la fatale loi des 17-22 mai 1817, qui réunissait l'administration des forêts à celle de l'enregistrement et des domaines. Cette loi eut pour lui des suites cruelles : en effet, M. Barairon, directeur général des deux services réunis, vit une anomalie dans les fonctions d'inspecteur adjoint, et sans tenir aucun compte des trois années pendant lesquelles M. Lorentz les avait si honorablement remplies, il les lui ôta et l'envoya à Pontarlier, au sommet des montagnes du Doubs, avec son ancien grade de sous-inspecteur.

La mesure était inique. M. Lorentz s'y soumit pourtant sans protester, attendu qu'elle n'atteignait que ses intérêts matériels. Il partit donc avec sa famille, composée déjà de cinq enfants, et alla prendre possession de son nouveau poste. Tout était à faire dans ce pays : 20,000 hectares de sapinières, les plus riches de France, n'y avaient été exploités que par forme de jardinages très-restreints et rapportaient, tout au plus, 6,000 francs par an. Des produits énormes s'y étaient accumulés et y dépérissaient, au double détriment de la consommation et du sol forestier. M. Lorentz n'hésita point à les exploiter sur une large échelle, et dès la première année, avec l'appui de M. Zœpffel, conservateur à Besançon, il éleva le rendement des forêts de l'arrondissement à 40,000 francs. Son apparente témérité avait effrayé les gens du pays ; mais couronnée d'un plein succès, elle lui attira les suffrages de ses chefs, et la dernière signature de M. Barairon le fit nommer enfin inspecteur à Caudebec, quelques jours avant l'ordonnance du 26 octobre 1820, qui reconstitua l'administration forestière.

A Caudebec, où il ne séjourna que deux mois, deux mois qui furent bien employés, comme on va le voir, M. Lorentz continua son œuvre de propagande. Profitant des bonnes dispositions du conservateur de Rouen (M. de Cézille), il proposa la conversion en futaie de la forêt de bois feuillus de Brotonne dont la ruine était imminente. Invité ensuite à explorer la forêt de Lyons, en dehors de son service, il provoqua les heureuses mesures auxquelles ce massif, qui ne contient pas moins de 10,600 hectares, et dont le chêne forme l'essence principale, doit sa prospérité actuelle.

Après avoir tant fait en si peu de temps, M. Lorentz fut appelé, par décision ministérielle du 11 décembre 1820, à l'inspection de Saint-Dié (Vosges). Ç'a été sa dernière station dans le service actif. Il eut à y diriger un des services les plus difficiles de France, comprenant ce qui constitue aujourd'hui les inspections de Senones, de Saint-Dié et de Fraize (54,500 hectares de sapinières mêlées de hêtres et de pins). Le souvenir de sa gestion y est toujours vivant. Sa fermeté conciliante, son zèle et son initiative y ont laissé des traces impérissables ; toutefois, la circonstance la plus notable de cette phase de sa vie est celle qui se rapporte à ses relations avec M. Parade. Ce fut alors qu'il lui inculqua ses principes, principes qui devaient rendre leur amitié si féconde en lui donnant pour base : *un accord parfait de volontés, de goûts et de pensées* (1). Leurs caractères cependant différaient un peu : M. Lorentz avait plus d'impétuosité que M. Parade ; il maîtrisait moins complétement ses mouvements extérieurs ; sa physionomie habituellement plus mobile n'atteignait pas, dans les circonstances critiques, à autant de puissance d'expression. Moins contenu, il était nécessairement moins patient et ne possédait pas, au même degré, le sang-froid nécessaire pour attendre l'occasion favorable ; mais il avait, avec une énergie incomparable, l'enthousiasme et la foi : ce sont les qualités des rénovateurs, des initiateurs, et, par son audace, M. Lorentz convenait peut-être mieux que M. Parade pour poser les premiers jalons de la réforme forestière. Sa promptitude et son assurance déconcertèrent ses adversaires, qui n'eurent pas le temps de se reconnaître, et il avait déjà planté son drapeau au beau milieu de leur camp, qu'ils se demandaient encore où il voulait en venir.

Lorsque M. Lorentz était à Saint-Dié, M. Parade était du reste encore un tout jeune homme très-modeste, très-réservé, très-inexpérimenté, qui avait besoin d'être deviné et formé. M. Lorentz le devina et le forma. Suivant l'heureuse expression d'un de mes collègues, l'auteur anonyme de la notice intéressante et littéraire publiée en 1854 sur M. de Salomon, dans les *Annales*, on était en pleine renaissance forestière, et M. Lorentz, comme s'il avait eu le pressentiment du rôle qu'elle lui réservait, cherchait des talents qui pussent seconder les siens. Il les découvrit dans M. Parade et se plut à les cultiver, pendant qu'on préparait le théâtre où il allait les utiliser.

Ici, arrêtons-nous quelque temps, et, avant d'aborder le grand événement auquel je viens de faire allusion, jetons un coup d'œil rétrospectif sur les circonstances qui l'amenèrent.

II

L'époque de la Restauration, cette époque de notre histoire, si malheureuse pour nos armes, fut heureuse, du moins, pour les manifestations pacifiques de notre intelligence et de notre activité. Pendant vingt ans, le monde n'avait retenti que du bruit des combats. Toute notre ambition, à nous autres Français, semblait n'avoir eu qu'un but, la gloire militaire. La bravoure sur le champ de bataille avait tenu lieu de tout, et l'opinion en était venue à faire plus de cas d'une brillante charge de cavalerie que d'un

---

(1) In quo est omnis vis amicitiæ, voluntatum, studiorum, sententiarum summa consensio. (CICÉRON.)

livre de Chateaubriand. Les poëtes auraient pu s'écrier, comme le berger de Virgile (1) :

« Nos vers et nos chansons, au milieu des traits de Mars, ne comptent pas plus, ô Lycidas, que les colombes de Chaonie, quand l'aigle fond sur elles. »

Certes, la guerre a sa grandeur. Sa sauvage poésie et ses héroïques fureurs ont des excitations souveraines ; mais en vérité, si ce n'est pas le plus saint des devoirs, c'est le plus détestable de tous les entraînements. C'est le plus saint des devoirs, quand elle est motivée par l'amour de la patrie : *Dulce et decorum est pro patriá mori ;* c'est le plus détestable de tous les entraînements, quand elle n'a pour mobile que l'ardeur des conquêtes. Dans le premier cas, elle engendre de mâles et généreuses vertus, et ne tue qu'à regret ; dans le second, elle tue sans pitié, et, souvent, sans compensation ; elle inspire à la longue le mépris de la vie humaine, je ne sais quel irrésistible enthousiasme pour la destruction, et ce qui est remarquable, c'est que les peuples civilisés n'échappent point à cette loi fatale. Les armées d'Alexandre et de César n'ont pas été moins impitoyables que celles d'Attila, le fléau de Dieu, et, sans remonter jusqu'à l'incendie du Palatinat sous Louis XIV, il serait facile de citer dans l'histoire moderne des faits aussi affreux que le sac de Rome par Alaric, ou celui de Jérusalem par les croisés. La guerre dont je parle est inévitablement accompagnée de l'affaiblissement de toutes les fonctions susceptibles de contribuer au bien-être réel de l'humanité. Cela s'est vu sous le premier empire, malgré sa splendeur inouïe. Maintenant, que le formidable prédestiné auquel nous devons tant de triomphes et tant de douleurs ait, par ses expéditions guerrières, répandu en Europe les principes immortels de notre révolution, c'est incontestable ; mais à quel prix ? Que d'épargnes englouties ! que de familles désolées ! que d'intelligences enlevées aux travaux utiles ! Ah ! c'est un triste moyen que le canon pour civiliser les peuples.

Ce sont là des lieux communs, des vérités banales, vieilles comme le monde, mais qu'il est bon de répéter, puisqu'elles sont encore si peu entrées dans la vie pratique des nations.

Heureusement, les sociétés policées se lassent tôt ou tard de la guerre ; elles ne sauraient vivre dans une situation aussi contraire à la douceur, à l'élégance de leurs habitudes et à la satisfaction de leurs besoins physiques et moraux. La sécurité n'est pas moins nécessaire à la culture des beaux-arts et des lettres qu'à celle des champs.

Il est de fait qu'après la chute de Napoléon Iᵉʳ, il y eut tout à la fois, dans notre pays, une tristesse amère causée par l'invasion de notre territoire, et un soulagement indicible motivé par le retour de la paix. On se sentit revivre : l'équilibre se rétablit ; la confiance reparut ; l'avenir, que l'on n'avait envisagé si longtemps qu'avec terreur, rouvrit ses portes à l'espérance ; on courut se retremper aux sources délaissées du bonheur

(1)   ..... Sed carmina tantum
Nostra valent, Lycida, tela inter martia, quantum
Chaonias dicunt, aquilá veniente, columbas.

paisible; on aima de nouveau la nature, les arts, les sciences et la liberté, la liberté, que l'on avait trop oubliée dans l'ivresse de la gloire; on se remit au travail sous toutes les formes; on reprit l'œuvre de régénération dont la République avait posé les fondements, et que le Consulat avait même presque achevée au point de vue social; il y eut enfin un réveil de toutes les facultés de l'esprit et de toutes celles du cœur.

Dans cet élan général, la sylviculture ne pouvait rester en arrière. D'abord, elle touchait à trop d'intérêts pour qu'on la négligeât, lorsqu'on cherchait à réparer les atteintes qu'avait subies la fortune publique. Les dévastations commises à la fin du dernier siècle; les consommations de bois qu'avaient nécessitées, sous l'Empire, les constructions navales; l'embarras que l'on avait éprouvé après les désastres d'Aboukir et de Trafalgar; les plaintes unanimes suscitées par le déboisement de nos montagnes; tout cela était digne de frapper les bons citoyens et d'occuper de hautes intelligences. Ensuite, aucun objet n'est plus propre que les forêts à ramener la sérénité dans les consciences troublées. Dès que l'homme veut fuir les malsaines agitations du monde et se soustraire, par un retour vers la nature, à leurs cruels effets, ce qui l'attire le plus ce sont les forêts. C'est d'elles qu'il attend les consolations les plus efficaces. « Dieux, que ne suis-je assise à l'ombre des forêts, » s'écrie Phèdre dans l'excès de son désespoir. « Ah! qui me transportera dans les fraîches vallées de l'Hémus et me couvrira de l'ombre des forêts? » dit Virgile en songeant aux discordes des villes (1). Les œuvres de ce tendre Virgile sont remplies de transports d'attachement pour les grands bois, et ces transports, tout le monde les comprend. La forêt est bienfaisante pour tous les sentiments : elle les adoucit quand ils sont tristes; elle les empreint de bienveillance quand ils sont gais; tristes ou gais, elle leur donne du calme et de la noblesse. De même que l'air, en traversant un massif d'arbres, s'y débarrasse de ses éléments délétères, de même l'homme, après avoir médité dans les bois, en sort meilleur qu'il n'y était entré. Il n'y a pas de vanité mondaine, il n'y a pas d'amertume et d'aigreur, qui ne se dissipent en présence d'une vieille futaie. Comment résisteraient-elles à l'aspect de ces colonnades ligneuses soutenant à 40 mètres au-dessus du sol l'épais dôme de verdure dont les siècles les ont chargées? Y a-t-il un temple qui soit, autant que celui-là, susceptible d'élever le caractère au-dessus des misères terrestres?

Que l'on ajoute à ces réflexions celles que les forêts suggèrent aux gens même les moins compétents, par les ressources de toutes sortes qu'elles fournissent aux sociétés, par les travaux si variés que comporte l'appropriation de leurs produits à nos usages, par ces innombrables navires qu'elles servent à construire et qui, d'un pôle à l'autre, vont à travers les vastes mers échanger les idées et les richesses des divers peuples, et on s'expliquera l'attrait qu'a pour les agents forestiers le domaine confié à leurs soins. Aussi aiment-ils passionnément leur métier. Remarquez, si vous en doutez, ce jeune homme en jaquette verte, qui, à cette heure ma-

____

(1) *Géorgiques*, liv. Ier, traduction de M. Félix Lemaistre.

tinale où les objets, éclairés par la pâle et douce lumière de l'aube, ne projettent pas d'ombre et font rêver au Purgatoire du Dante, se promène déjà dans la forêt silencieuse. Le fusil sur l'épaule, il marche d'un pas indépendant, en adressant de temps à autre une parole amicale à un chien, son unique compagnon, qui gambade autour de lui. A sa démarche, à la fière allégresse empreinte sur sa figure, ne croirait-on pas qu'il se regarde comme le roi de la création? — Ce n'est pourtant qu'un simple garde général. Il va vérifier si tout est en ordre dans son cantonnement, si les exploitations sont bien conduites, les chemins bien entretenus, si les scieries fonctionnent, si le barrage construit l'année précédente a tenu contre les crues de l'hiver, si le repeuplement que l'on a débarrassé par une coupe définitive des vieilles écorces qui en gênaient la croissance, n'a pas été écrasé par leur chute. Ne pensez pas que ce soit de gaieté de cœur que l'on a fait abattre ces vieilles écorces : il en coûte de terrasser ces colosses plusieurs fois séculaires, si imposants par leur masse, autour desquels se sont renouvelées tant de choses, se sont accomplies tant de révolutions, et qui ont si souvent bravé la tempête ; mais il faut bien faire place à d'autres générations, et, au cas particulier, on ne pouvait tarder davantage à donner du soleil à une pauvre jeunesse qui s'étiolait. Interrogez ce garde général, et il vous dira que rien n'est charmant comme de parcourir une forêt qui a reçu toutes vos confidences et qui n'a plus de secrets pour vous, d'y retrouver à chaque pas un souvenir, d'y revoir, allongés d'une nouvelle pousse, les plants provenant de semis que l'on a faits ; il vous dira comme on vit amplement dans ces moments-là, comme, en gravissant la montagne, on sent son âme se dégager de ses ennuis, et avec quel volupté on aspire, à pleins poumons, l'air de la liberté. Ah ! le beau métier où l'on peut, à chaque instant, joindre, suivant le précepte d'Horace, l'utile à l'agréable. Intimes jouissances sur lesquelles on ne se blase jamais et que l'on goûte à tout âge, pourvu que l'on ait bon pied, bon œil, et aussi le cœur ferme, attendu qu'elles ne sont pas exemptes de périls. Il est permis, par exemple, de trembler pour son sort, quand on est surpris dans un massif par un ouragan, qui rompt les branches, déracine même les arbres et jonche le sol de débris. La situation s'aggrave lorsque la foudre se met de la partie et, avec un bruit sec aussi prompt que l'éclair, déchire les vieux sapins du haut en bas. Mais ces sublimes convulsions de la nature provoquent en somme plus d'admiration que d'effroi, et c'est presque avec regret que l'on voit arriver la pluie battante, par laquelle, d'ordinaire, elles se terminent. Cette pluie vous trempe jusqu'aux os : nouveau plaisir, car rien n'est fortifiant comme ces douches naturelles, et puis il y a au fond de la vallée une maison forestière où le bois ne manque pas, et dont on aperçoit déjà le toit rouge et la cheminée fumante.

En résumé, la sylviculture avait à répondre à des sollicitations de tous genres, et on conçoit que des hommes distingués en aient fait leur spécialité. Leur influence sur le gouvernement et sur les chambres se traduisit bientôt par deux faits considérables : l'institution de l'Ecole spéciale forestière de Nancy et la promulgation du Code forestier. Ces mesures honorent la Restauration. L'institution de l'Ecole forestière impliquait vraiment une révolution, et une révolution des plus heureuses, dans les considérations et les principes qui jusqu'alors avaient dirigé l'administration de nos forêts. Cette administration n'avait guère été qu'une administration de simple police ; on voulait en faire une administration savante. Elle s'était contentée de surveiller les forêts, afin d'y empêcher les coupes illicites ; on voulait qu'elle apprît à en augmenter et à en améliorer la production : c'était une chose toute nouvelle. Parmi les nombreuses dispositions gouvernementales dont les forêts avaient été le sujet dans notre pays (1), bien rares étaient celles qui se rapportaient à l'art de les cultiver. Quand on avait défendu, sous des peines sévères, de les couper dans une certaine saison et avant un certain âge ; quand on avait ordonné d'y réserver un certain nombre de baliveaux, on croyait avoir assez fait pour leur conservation ; et l'ordonnance de 1669 elle-même ne put, malgré la rigueur de ses prescriptions, le nombre de fonctionnaires qu'elle institua pour en assurer l'exécution, et l'autorité extraordinaire dont elle les investit, remédier au mal qui, d'après son préambule, *s'était glissé dans les eaux et forêts et était devenu si universel et si invétéré que le remède en paraissait presque impossible.* Elle multiplia les restrictions imposées à la jouissance des particuliers dans leurs propres bois; elle assimila, en tout, les bois des communes aux forêts royales : l'appauvrissement n'en continua pas moins. Cette ordonnance est néanmoins citée comme un des titres de gloire du règne de Louis XIV. Elle a servi de modèle, pendant plus d'un siècle, à tous les codes forestiers de l'Europe. Pourquoi n'a-t-elle pas porté les fruits qu'on en espérait ? — Parce que ses auteurs étaient fort ignorants en matière de culture et d'aménagement. Le partage des forêts en coupes successives d'égales contenances, et l'exploitation à tire et aire, sauf un petit nombre de baliveaux, voilà quelles sont sur cette matière les règles essentielles qu'elle contient ; règles sages, mais incomplètes, et, à cause de cela, plus dangereuses qu'utiles. C'était sans doute un progrès que la substitution des coupes régulières de proche en proche au jardinage; c'était un progrès que d'assujettir ces coupes à une révolution déterminée. Malheureusement l'obligation d'exploiter à tire et aire, sauf un nombre d'arbres qui ne pouvait suffire à repeupler le sol, devait détruire le bon effet de la succession des coupes ; en sorte que l'ordonnance de 1669, si remarquable relativement à la répression des délits et à l'exercice des droits d'usage, au lieu d'inaugurer une ère de restauration pour les forêts, fut pour elles, par défaut de science, une nouvelle cause de ruine qu'on ne put atténuer que par des repeuplements artificiels très-coûteux.

Les lois qui suivirent cette ordonnance ne remédièrent pas à ses imperfections : elles se bornèrent à enlever aux maîtrises la perception des produits des ventes et des amendes (1777), à supprimer leur juridiction, pour l'attribuer aux tribunaux des districts (6, 7, 11 septembre 1790), et

---

(1) Voir, à ce sujet, l'intéressante notice publiée l'année dernière par M. Cabarrus, dans le journal des *Eaux et forêts.*

à rendre aux particuliers, pour la leur reprendre un peu plus tard, la libre disposition de leurs bois (29 septembre 1792, — 29 avril 1803).

Lorsque la Restauration survint, on vivait donc toujours sous le régime de l'ordonnance de 1669. Ce régime avait cependant été profondément modifié, affaibli ou obscurci dans ses dispositions principales, celles notamment concernant la poursuite, la répression des délits, et la compétence des officiers forestiers. Il n'était plus en harmonie, d'ailleurs, ni avec les principes d'égalité et de liberté, proclamés par la révolution de 1789, ni avec le Code Napoléon, qui avait fixé le droit civil, ni avec la séparation des pouvoirs et la division du travail, introduites dans notre organisation intérieure. En outre, l'incurie de l'administration d'une part, la faiblesse ou la connivence des juges de districts et des juges de paix de l'autre, favorisèrent d'incroyables abus : des usurpations nombreuses avaient sensiblement diminué le domaine de l'Etat ; en beaucoup d'endroits les usagers, intervertissant leurs titres, s'étaient fait déclarer propriétaires ; en d'autres, ils jouissaient de tous les priviléges de la propriété, sans en supporter les charges. Les forêts des communes, abandonnées aux municipalités, étaient tombées, la plupart, dans un état pitoyable, lorsqu'elles n'avaient pas été partagées entre les habitants et défrichées. Inutile d'ajouter que les bestiaux de toutes espèces y circulaient librement.

C'était là une situation déplorable et on aurait pu croire que, pour en sortir, la première chose à faire, était une nouvelle législation ; mais le gouvernement jugea qu'avant tout, il devait attaquer le vice radical qui avait paralysé, et qui paralysait encore les efforts de l'administration. Il fonda l'Ecole forestière (ordonnance du 26 août 1824). Ensuite, il s'occupa de la codification des lois que les élèves de cette école auraient à faire exécuter.

On mit à contribution, pour ce Code, toutes les lumières du royaume : les conservateurs des forêts, les préfets, les conseils généraux, les cours de justice, la cour suprême, furent appelés à émettre leur avis sur un projet qui avait été préparé par une commission composée des magistrats, des jurisconsultes, et des administrateurs les plus éminents. Ce projet, modifié d'après leurs observations, fut ensuite présenté aux Chambres, qui le soumirent aux discussions les plus approfondies dont jamais vote ait été précédé ; et c'est après avoir passé par toutes ces épreuves, qu'il était converti en loi et promulgué le 21 mai 1827. Une ordonnance réglementaire, à l'élaboration de laquelle on n'apporta pas moins de soins, le suivit bientôt (1er août 1827).

Cette législation, sans être parfaite — rien ne l'est dans ce monde — l'emporte pour le fond comme pour la forme, pour la sagesse des dispositions, la division des matières, la précision et la clarté des articles, sur les règlements antérieurs, sans en excepter l'ordonnance de 1669 (1). Elle a

---

(1) On lui a cependant adressé de nombreuses critiques. On lui a reproché, entre autres choses, son silence sur le reboisement des montagnes et des terres vagues, son respect exagéré pour les droits des propriétaires de bois qu'elle n'a limités qu'en ce qui concerne le défrichement, et qu'elle a laissés entiers, pour tout ce qui touche à l'aménage-

assis l'ordre matériel, dans le domaine forestier, sur des bases dont l'expérience a constaté la solidité ; elle a muni l'administration de tous les moyens désirables, pour assurer la conservation de ce domaine. Ce n'est plus par les délits, les contraventions ou les malversations, que les forêts peuvent être compromises ; c'est par d'autres dangers que j'indiquerai plus tard. Mais la supériorité de la législation actuelle consiste surtout dans l'organisation définitive de l'Ecole forestière, la prescription faite à l'administration de procéder, sans délai, à l'aménagement des forêts de l'Etat, et la recommandation de diriger cet aménagement dans un sens favorable à la production des bois de grandes dimensions (art. 15 du Code ; 40, 41, 67, 68 de l'ordonnance réglementaire).

Ces excellentes dispositions furent suggérées par les hommes qui étaient à la tête du mouvement forestier de ce temps-là, et c'est ici le cas de rappeler à la gratitude des amis des forêts un agent bien connu, mais qui n'a pas été, peut-être, suffisamment apprécié. Je veux parler de M. Baudrillart dont les fils, l'un dans l'administration forestière, l'autre dans la presse et l'enseignement, continuent si heureusement les traditions. M. Baudrillart est certainement l'un des écrivains qui ont le plus contribué à répandre, en France, de saines notions sur l'utilité des forêts et sur la manière de les exploiter. Ses nombreux travaux étonnent par le temps et la peine qu'ils ont dû lui coûter, et par l'érudition qu'ils révèlent. A lui seul, M. Baudrillart a publié un recueil chronologique des règlements forestiers, un dictionnaire général des forêts, un dictionnaire des chasses et un dictionnaire de la pêche, c'est-à-dire une véritable encyclopédie de toutes les matières législatives, administratives et techniques, se rapportant à l'administration des eaux et forêts. On lui doit aussi un commentaire du Code forestier et divers mémoires sur les propriétés des bois. Pendant plusieurs

ment. Ces critiques ne me paraissent pas fondées. On ne peut pas tout faire à la fois, et c'était déjà beaucoup que d'assurer la conservation des bois existants. Conserver les forêts et reboiser les montagnes sont, d'ailleurs, deux choses tout à fait distinctes, qui demandaient, chacune, une législation spéciale. Tous les matériaux, toutes les données nécessaires pour une loi concernant la conservation des forêts, étaient réunis en 1824 ; toutes celles qu'exigeait la loi sur le reboisement des montagnes, ne l'étaient pas, et ne l'ont été qu'après bien des années d'études. Enfin, cette dernière loi a un caractère transitoire, tandis que la première aura toujours sa raison d'être, tant qu'il y aura des forêts. Il est donc naturel que les auteurs du Code forestier ne se soient pas occupés du reboisement des montagnes. Quant aux bois des particuliers, il était certain qu'il y en avait dont le défrichement était désirable, non-seulement dans l'intérêt des propriétaires, mais aussi dans l'intérêt général. La prohibition de défricher ne pouvait donc être absolue. Pour ce qui est de la latitude laissée aux propriétaires d'aménager leurs bois comme ils l'entendraient, elle était impérieusement réclamée par les modifications qu'avaient subies les mœurs et le droit commun, depuis trente ans. Ce serait d'ailleurs se faire une grande illusion de croire qu'il fût possible d'imposer, efficacement, un système d'aménagement à des propriétaires, qui n'en voudraient pas. Il serait facile de défendre à un particulier d'exploiter ses bois avant un certain âge, de lui prescrire d'y conserver un nombre déterminé de baliveaux ; il ne le serait pas du tout d'assurer l'exécution de pareilles injonctions ; à moins qu'on n'allât jusqu'à placer la gestion de ces bois dans les attributions des agents de l'administration publique ; or personne, j'imagine, n'approuverait aujourd'hui une telle énormité, années, il a été le principal, sinon l'unique rédacteur, du plus ancien journal hebdomadaire français qui ait traité des forêts. Enfin, le premier, par une traduction du Traité de sylviculture de Hartig, il a fait connaître à notre pays les progrès réalisés de l'autre côté du Rhin, dans cette branche de l'économie rurale. Chef de division à l'administration centrale, lors de la rédaction de l'ordonnance réglementaire, il est notoire que c'est lui qui a préparé la plus grande partie du travail et que son influence aida beaucoup, avec celle de M. Marcotte, à l'adoption des articles dont on se servit si heureusement plus tard, pour généraliser l'application du régime de la futaie et des longues révolutions. J'ai pensé qu'il était opportun de rendre un nouvel hommage à sa mémoire, en écrivant la biographie d'un autre savant dont il fut l'ami et le collaborateur ; car c'est l'ouvrage de Hartig, traduit par M. Baudrillart, que M. Lorentz mit, au début de son enseignement, entre les mains de ses élèves.

III

Les meilleures lois seraient inutiles, si l'on ne pouvait les faire exécuter par des agents capables, et, par conséquent, il n'y a aucune exagération à prétendre qu'à la destinée de l'école, que le gouvernement avait eu la prévoyance d'instituer, était subordonnée, en définitive, celle de nos forêts. Aussi, le choix de celui qui aurait à diriger les premiers pas de cette école, était-il d'une importance capitale. Il s'agissait de trouver quelqu'un qui réunît à l'instruction forestière l'éloquence nécessaire pour la communiquer aux autres, à la fermeté la bienveillance, à la justice la modération, à l'initiative le bon sens, à l'indépendance du jugement l'esprit de conciliation.

Aucun agent ne possédait à un plus haut degré que M. Lorentz ces diverses qualités. MM. Marcotte et du Theil, qui étaient alors administrateurs, le connaissaient personnellement : ils n'hésitèrent pas à le désigner au directeur général, M. de Bouthillier, et leur proposition, homologuée par une ordonnance royale, fut immédiatement notifiée à la partie intéressée.

A cette notification la modestie de M. Lorentz est étonnée et effrayée : « La nouvelle que vous me donnez, écrit-il à M. Marcotte, m'a extrême-
« ment surpris. Je n'ai pas ambitionné les fonctions que l'on me destine :
« la direction d'une école et d'une chaire m'épouvantent ; vous avez trop
« présumé de moi ; je ne suis qu'un forestier praticien, fixé sur les bonnes
« méthodes, sachant les appliquer, zélé pour tout ce qui tend à améliorer
« et à régénérer les forêts ; mais je ne suis ni mathématicien, ni natura-
« liste ; il est même des arbustes croissant sous mes yeux que je ne saurais
« peut-être pas nommer. Ennemi-né des taillis, dont le système a tenu les
« forestiers de France au berceau, tandis que leurs voisins grandissaient
« et se perfectionnaient, j'ai négligé toutes les plantes qui ne pouvaient
« atteindre une existence séculaire. »
Ce dernier trait est charmant, et on doit reconnaître qu'après une pro-

fession de foi aussi explicite, l'administration eut, plus tard, mauvaise grâce à se plaindre des idées exclusives de M. Lorentz, en matière d'aménagement. Mais n'anticipons pas. Pour le moment, elle ne fit aucune objection, et M. Lorentz, malgré son épouvante si plaisamment exprimée, ne refusa pas le poste d'honneur qui lui était assigné ; car il avait, indépendamment des autres, le courage, tel que le définit Montesquieu, le courage qui consiste dans le sentiment de ses forces. Il se chargeait pourtant d'une lourde responsabilité et d'une œuvre bien difficile.

L'œuvre était difficile par deux sortes de raisons, se rattachant : les unes, à la pauvreté des documents que possédait notre pays sur les matières de l'enseignement forestier, et à l'absence de tout précédent, au sujet de cet enseignement ; les autres, aux entraves que, selon toutes probabilités, l'Ecole aurait à souffrir de la part de ceux dont elle froisserait les intérêts ou les préjugés.

Jusqu'alors, il n'avait été fait en France aucun cours, soit public soit privé, sur la sylviculture. Il n'y avait rien, on l'a vu, dans les actes du gouvernement, relatifs à cette nature de biens, qui indiquât l'idée qu'elle fût, comme les autres, susceptible d'être améliorée par des procédés scientifiques, et les individus en général avaient longtemps partagé la même ignorance. Les anciens, qui nous ont légué tant de chefs-d'œuvre de l'intelligence humaine, ne nous ont transmis, en fait de sylviculture, que quelques préceptes insignifiants résumés dans Caton l'Ancien et dans Columelle. Virgile, qui a passé en revue toutes les branches de l'économie rurale dans ses *Géorgiques*, ne parle guère des bois qu'au point de vue pittoresque et sentimental. Dans notre pays, le moyen âge, absorbé par la dispute des réalistes et des nominaux, n'a rien fourni. Sous la Renaissance, deux écrivains, Bernard de Palissy, le célèbre potier, et Olivier de Serres, agronome distingué pour son siècle, ont traité des bois ; ils en ont dit peu de chose sous le rapport cultural, moins encore sous celui de l'aménagement. Ce ne fut qu'au dix-huitième siècle que les forêts furent étudiées sérieusement, qu'on s'occupa de déterminer les lois de leur accroissement et les conditions à réaliser, pour en obtenir les plus grands et les meilleurs produits. Réaumur, Duhamel, Buffon et Varenne de Fenille publièrent des mémoires qui ont été d'un grand secours, pour constituer plus tard la science de l'aménagement. Presque en même temps, d'autres auteurs, parmi lesquels de Perthuis, un des derniers arrivés, mérite une mention spéciale, envisageant chaque espèce d'arbres séparément, en exposaient les propriétés et les exigences culturales (1). Mais toutes ces publications, quelque estimables qu'elles fussent, étaient bien loin de former un corps de doctrine ; elles avaient élucidé quelques questions intéressantes, telles par exemple que celles des éclaircies périodiques et de l'exploitabilité ; elles avaient fixé quelques règles spéciales de culture : il restait à éclaircir une foule de points, à séparer les bonnes choses d'avec les mauvaises, et à poser les principes généraux.

(1) Voir, pour plus de détails, la notice de M. Parade, publiée en tête du *Cours d'aménagement* de M. Nanquette, et les *Etudes forestières* de M. Clavé.

Il est vrai que dans un pays limitrophe l'économie forestière avait progressé plus que dans le nôtre ; un grand nombre d'esprits éclairés s'y étaient épris d'elle. Oubliés chez nous, les travaux de nos compatriotes recevaient de nos voisins un accueil empressé. Hartig et Cotta, ces deux princes de la sylviculture allemande, avaient entre autres publié des traités de culture et d'exploitation, et l'enseignement que nous allions fonder pouvait trouver chez eux des ressources précieuses. Toutefois, il ne faudrait pas les exagérer. L'économie forestière est très-complexe et variable non-seulement suivant le climat de la situation des forêts, mais encore suivant les mœurs, l'état politique et le droit civil des peuples auxquels ces forêts appartiennent. Le climat, les mœurs, l'état politique et le droit civil de l'Allemagne n'étant pas ceux de la France, cette différence, à elle seule, eût empêché les traités d'économie forestière du premier de ces pays d'être applicables au second.

J'ai dit que l'accomplissement de la mission confiée à M. Lorentz devait rencontrer des entraves d'un autre genre dans certains intérêts et dans certains préjugés. En effet, toutes les fois que la théorie a réclamé la direction de l'enseignement, elle a soulevé la plus vive opposition, surtout lorsqu'elle s'est présentée sous la forme d'un établissement public, destiné à préparer des fonctionnaires pour des positions qui avaient été jusque-là dévolues à la routine. Cette opposition se conçoit : il est naturel que celui qui a employé la plus grande partie de sa vie à acquérir une certaine somme de connaissances par ses observations personnelles, n'admette pas volontiers que l'on puisse promptement former des agents qui lui soient non-seulement égaux, mais même supérieurs. En outre, quand les hommes ne se recommandent que par des notions pratiques, rien ne leur est plus facile que de donner le change sur leur mérite réel, et rien n'est plus difficile que de décider quel est parmi eux le plus capable. Aussi, l'ignorance trouve-t-elle son compte à préconiser la pratique comme le seul enseignement véritablement utile, efficace. Enfin, les garanties de capacité dont les écoles spéciales ont pour but de doter les fonctions publiques, créent un privilége assurément très-respectable, puisque c'est le privilége de l'intelligence et du travail, mais que ne respectent pas les paresseux.

L'école de Nancy était donc certaine d'avoir contre elle les ignorants, les envieux, les partisans quand même de l'égalité, et, en général, les gens qui ne sauraient attendre leur avancement que de la faveur. Nous avons constaté auparavant combien étaient incomplets les matériaux qui pouvaient servir à en organiser l'enseignement. Voyons quels furent les moyens d'action que l'on mit à la disposition de son directeur, pour éviter tant d'écueils, pour combattre tant de causes d'insuccès.

M. Lorentz, nommé, par une ordonnance du 1er décembre 1824, professeur d'économie et de jurisprudence forestières et directeur de la nouvelle école, est mandé à Paris le 3 dudit mois, et, là, on arrête que les examens d'admission commenceront le 27 du même mois, qu'une maison sera louée pour l'installation provisoire des professeurs et des élèves, que cette installation aura lieu dès le commencement de l'année suivante, et que des professeurs spéciaux enseigneront les mathématiques, l'histoire naturelle et le dessin. Rien n'est fait pour assurer la discipline, rien non plus, pour aider les élèves dans leurs études. Au début, l'Ecole ne posséda ni collections ni bibliothèque. Jamais plus grosse affaire ne fut, pour me servir d'une expression vulgaire, bâclée plus lestement.

La création de l'Ecole forestière avait été trop précipitée, et les examens d'admission l'avaient suivie de trop près, pour que les candidats eussent eu le temps de se préparer. La première promotion, comprenant vingt-quatre élèves, était donc composée de jeunes gens dont les connaissances, très-diverses, ne ressemblaient guère à celles qu'ils auraient dû posséder : les uns, après avoir fait des études classiques complètes, avaient assisté à des cours de littérature et d'histoire, les autres à des cours de droit, d'économie politique ou de philosophie. Si de jeunes hommes ainsi façonnés et nécessairement très-émancipés, pouvaient et devaient même être très-attentifs à un enseignement solide et élevé, ils devaient aussi être bien prompts à saisir le faible d'un enseignement défectueux. Or, leurs professeurs étaient, sauf M. Lorentz, aussi étrangers qu'eux à l'objet spécial de leur mission. On voudrait pouvoir dire que ces professeurs compensaient leur défaut de pratique forestière par l'étendue et la profondeur de leur instruction théorique et leur expérience du professorat ; mais on m'a affirmé que, sous ce double rapport encore, ils étaient au-dessous de leurs obligations.

Il fallait certainement avoir une bien ferme volonté pour entreprendre de fonder, dans des conditions aussi ingrates, un établissement durable, et il fallait une bien grande habileté pour y parvenir. M. Lorentz, manquant de tous les côtés de points d'appui, dut suffire à toutes les exigences de sa position avec ses ressources personnelles. Ce qu'il y avait à faire, tout d'abord, était de se concilier le respect et l'affection des élèves. Il y arriva très-vite, en les traitant non comme des enfants, mais comme des hommes, et en leur montrant que, pour les persuader, pour les instruire, il comptait autant sur leur intelligence que sur la sienne, et plus sur l'énergie de ses convictions et son amour de la vérité que sur son éloquence. Esprit large et inaccessible à toute vanité et à tout subterfuge, bien loin de prétendre à tout savoir et à tout expliquer, il n'hésitait jamais devant une obscurité ou un doute, à avouer son embarras. Il eût rougi de recourir, dans ces cas-là, à l'artifice de tant de professeurs qui s'efforcent d'en imposer avec des paroles pompeuses, vides de sens, ou des allégations téméraires. Ce fut par sa modestie, sa sincérité, son tact, par la confiance qu'il témoigna à ses auditeurs, que M. Lorentz leur inspira la déférence et l'attachement, et s'assura l'autorité, sans laquelle rien n'eût été possible. Tranquille sur ce point essentiel et certain d'être écouté avec attention, il voulut l'être avec plaisir ; or, si, d'une part, le défaut d'études préparatoires des élèves et la faiblesse de la plupart de leurs professeurs exigeaient que l'enseignement fût simplifié ; de l'autre, l'avenir même de cet enseignement et les goûts que les élèves avaient puisés dans leurs études libérales demandaient que ledit enseignement, tout en étant simple, ne cessât pas d'être élevé. M. Lorentz n'étant point assez bien outillé, qu'on me permette cette expression, pour former des agents complets quant aux connaissances forestières techniques, ne pouvait que les rendre capables et désireux de le devenir; mais pour cela, il devait choisir dans les matières de l'enseignement les questions générales les plus propres à toucher à la fois le cœur et l'esprit d'une jeunesse ardente. Il le comprit, et ce qui fit son succès, ce fut sa préoccupation constante de mettre en évidence les rapports existants entre la culture des forêts et l'intérêt collectif, ce fut de faire aimer cette culture à ses élèves, non pas seulement à cause des satisfactions qu'elle était susceptible de procurer à leur amour-propre et à leur curiosité, mais surtout à cause de son influence sur la prospérité et la grandeur de leur pays.

Les élèves de M. Lorentz, je peux en parler impartialement, puisque je n'en suis pas, étaient pénétrés d'un véritable enthousiasme pour leur métier, et cet enthousiasme prenait sa source dans leur patriotisme. Ils se firent remarquer par la fermeté de leurs doctrines, la chaleur de leurs convictions et le zèle qu'ils mirent à les propager.

Après les appauvrissements successifs que le sol forestier avait subis, en présence de la consommation de bois de service que le rétablissement de notre marine et l'extension de notre industrie devaient occasionner ; en présence de la tendance des particuliers à défricher leurs bois ou au moins à les couper à de très-courtes révolutions, tendance irrésistible par suite des profits du capital dans les entreprises commerciales et industrielles ; en présence du morcellement que la loi sur l'hérédité entraînait dans les patrimoines, et des obstacles qui en résultaient pour l'aménagement et la conservation desdits bois de particuliers ; en présence de la dépréciation des menus produits des forêts, à cause de l'emploi de la houille, le devoir de l'administration forestière était d'adopter pour la culture de son domaine la méthode la plus intensive, c'est-à-dire celle de la futaie. M. Lorentz en fit donc le principe fondamental, caractéristique de son cours, et c'est ainsi que, dès le début, il a placé l'Ecole forestière à la hauteur d'une institution véritablement sociale, en lui assignant pour but de satisfaire non pas aux réclamations d'une étroite fiscalité, mais à celles bien autrement respectables de l'agriculture, de l'industrie et du commerce ; en apprenant aux agents forestiers que les forêts doivent être considérées moins comme une source de recette pour le Trésor que comme un moyen de concourir au développement des forces nationales. L'Etat n'a pas à se préoccuper de vendre ses bois de la manière la plus lucrative ; il a à se préoccuper de les vendre de la manière la plus utile pour tous, ce qui est fort différent.

Aujourd'hui ces idées sont généralement acceptées ; il y a trente-cinq ans, elles ne l'étaient que par un petit nombre de personnes, et en sacrifiant la question d'argent, de revenu net, de rente, en la subordonnant à des questions d'un ordre plus élevé, M. Lorentz s'exposait à se sacrifier lui-même. La suite de sa vie ne le prouvera que trop ; mais les conséquences de sa hardiesse échappèrent quelque temps, heureusement pour son école, à ceux qui eussent été disposés à les repousser, et quand elles furent entrevues, il était trop tard pour les arrêter, parce qu'une armée nombreuse était prête à les soutenir.

M. Lorentz suivit pour guide, au début de son cours, le petit livre de Hartig sur la culture des bois, traduit par M. Baudrillart ; je dis pour guide et non pour maître, car, sans vouloir en rien déprécier le secours que cette traduction lui prêta, on peut assurer qu'elle eût été tout à fait insuffisante pour qu'il pût remplir tous les desiderata de sa mission, s'il n'avait eu une expérience consommée de la plus grande partie des forêts de la France, et s'il n'avait connu exactement les diverses circonstances dont il y avait à tenir compte dans leur gestion, entre autres, les mœurs, les usages, les coutumes des populations au milieu desquelles les forêts étaient situées. Dans tous les cas, je l'ai fait remarquer il y a un moment, ce fut entièrement dans son propre fonds qu'il puisa la partie morale, philosophique de son cours, ce qui en faisait l'attrait supérieur, et il ne dut également qu'à lui-même cette manière d'exposer ses idées, dont ses élèves ont toujours gardé l'impression. M. Lorentz n'avait fait aucun apprentissage de l'art de la parole ; ses leçons étaient des épanchements naturels de ce dont une vie laborieuse avait enrichi sa mémoire, et elles empruntaient au laisser aller, à la spontanéité de son discours, à la flamme de ses yeux, à la certitude de son geste et de son accent, à toutes ces choses qui ne s'apprennent pas, une expression très-forte quoique indéfinissable. Est-ce à dire que l'on doive l'imiter et se lancer dans cette carrière difficile du professorat, sans en avoir préalablement étudié les règles ? Non certes ; car il est permis à bien peu de gens de pouvoir s'affranchir des règles ; mais M. Lorentz était de ce petit nombre de privilégiés, et en n'écoutant que ses inspirations, il obtint plus de succès qu'il n'en eût obtenu s'il avait voulu observer les préceptes de la rhétorique.

Cependant, pour produire tout son effet, il avait besoin d'espace, de lumière et de témoignages vivants, tangibles. Aussi, était-ce dans les excursions forestières qu'il se sentait à l'aise et que son enseignement avait toute son ampleur.

Il excellait dans le choix des exemples propres à faire ressortir les conséquences d'une exploitation vicieuse. En sylviculture, l'ignorance, l'étourderie, un martelage imprudent créent d'incalculables dangers : qu'un peuplement soit un peu trop éclairci, et d'un coup de vent il pourra être entièrement détruit. Il en sera de même si l'on n'assoit pas les coupes dans l'ordre convenable. Le mal à craindre est encore plus grand si, dans certaines conditions de sol et d'essences, on substitue le régime du taillis à celui de la futaie. M. Lorentz tombait-il sur les preuves matérielles de ces faits, il les déplorait avec plus d'amertume que s'il se fût agi d'une affaire personnelle. Mais la faute avait-elle été préméditée et commise par suite d'un faux système, alors il s'indignait ; sa critique était véhémente, presque violente, car il parlait comme il sentait et comme un homme qui n'a rien à voiler.

Il excellait également à débrouiller le chaos que représentent, pour les forestiers inexpérimentés, les forêts qui ont été irrégulièrement traitées. Son coup d'œil généralisateur et exercé se plaisait à classer les peuplements par masses, d'après leurs éléments dominants qu'il discernait avec une merveilleuse sagacité, et à leur assigner leurs destinations respectives dans les travaux à faire pour ramener la forêt à son état normal.

Les Vosges étaient le théâtre ordinaire de ces excursions instructives, d'autant plus instructives qu'il y régnait une entière liberté d'opinion et que, d'aussi loin qu'ils pouvaient, les agents forestiers s'empressaient d'y apporter leur contingent d'expérience et d'idées. M. Lorentz, au lieu de redouter les objections, les provoquait ; il aimait la controverse, y mettait de la vivacité, et ne se formalisait pas de ce que les autres en mettaient de leur côté, à moins qu'ils ne le fissent avec mauvaise foi ou prétention, ce qui était fort rare, attendu que le maître, on le savait, était sans pitié pour les vaniteux et que personne mieux que lui ne lançait, quand il le voulait, des traits acérés. Il y avait donc dans ces réunions forestières, ces espèces de congrès ambulants, un entrain et une expansion très-profitables à la science. A chaque pas, on rencontrait matière à discussion, et enfin, lorsqu'au sujet d'une forêt toutes les observations avaient été épuisées, le professeur se plaçait sur une éminence d'où on pouvait la voir tout entière, et là, après avoir résumé les débats, il en tirait les conclusions. Le silence se faisait alors et la scène devenait aussi émouvante par sa portée que saisissante par son originalité. Les paroles que M. Lorentz prononçait dans ces circonstances mémorables de sa vie étaient destinées en effet à s'imprimer, en caractères grandioses, sur les forêts mêmes auxquelles elles s'appliquaient, puisque ces sapinières des Vosges qu'elles ont régénérées sont aujourd'hui des forêts classiques où l'on va chercher des modèles de culture et d'exploitation.

<h2 style="text-align:center">IV</h2>

M. Lorentz dirigea l'Ecole pendant six ans ; il aurait souhaité de la diriger toute sa vie, tant il avait lieu d'être satisfait des rapides progrès qu'elle faisait sous son impulsion ; mais la révolution de Juillet vint changer le cours de sa destinée. Par suite des mutations que cette révolution occasionna dans le personnel administratif, un poste fut vacant dans le conseil d'administration des forêts, et, pour l'occuper, M. Marcotte, le nouveau directeur général de cette administration, jeta la vue sur le fondateur de l'Ecole.

Celui-ci avait bien des raisons personnelles pour se refuser à l'honneur qu'on voulait lui faire : Eh quoi ! quitter la charmante ville de Nancy, où il était l'objet de l'attention générale, pour cette immense capitale, où les plus grandes célébrités passent inaperçues ; abandonner une chaire où il pouvait donner un libre essor à ses idées devant un auditoire avide de l'entendre, pour aller occuper un siége dans un conseil où il était sûr d'avance de rencontrer les plus vives oppositions ; renoncer à ces légitimes et pures jouissances que procure à un professeur la constatation pour ainsi dire journalière de l'heureux résultat de ses efforts, pour se perdre dans la foule de ces écrivains fonctionnaires dont le mérite n'est connu que des chefs qui lisent leur correspondance ; remplacer ces excursions dans les belles et fraîches forêts des Vosges, où il marchait entouré d'une joyeuse et sympathique jeunesse, par des promenades solitaires dans les allées poudreuses des Champs-Elysées! Que de motifs pour reculer! Il ne se dissimulait pas non plus les difficultés de l'administration au lendemain d'une crise qui, en créant des embarras financiers, devait faire songer aux aliénations.

Toutefois, il était certain de ne point compromettre l'avenir de l'Ecole en en cédant la direction. Il l'avait établie sur des bases que M. de Salomon, son successeur désigné, n'était pas homme à ébranler, et que M. Parade, qu'il devait y laisser comme sous-directeur, ne pouvait que renforcer. Il savait que ses traces ne seraient pas abandonnées, que ses travaux seraient poursuivis. Ces travaux étaient considérables et, pour ne citer que les plus marquants, ils comprenaient la monographie de trente essences, les règles applicables à leur culture et à leur exploitation, et les principes mêmes de leur aménagement, principes dont les traités ou les études d'aménagement, faits depuis, ne sont que le développement plus ou moins heureux. Tous les matériaux qui ont servi plus tard à composer l'excellent livre que tout le monde connaît avaient été réunis par M. Lorentz dans les six années de son professorat. De plus, soixante élèves étaient sortis de ses mains et leur action se faisait déjà sentir. Il y avait parmi eux des hommes d'un esprit supérieur. Nous en avons vu deux à la tête de l'administration : l'un, M. Houdouart, résigna dignement ses hautes fonctions devant une loi qui mutilait son personnel ; l'autre, M. Vicaire, a causé par sa mort prématurée des regrets qui ne s'effaceront pas de longtemps et dont un de mes camarades s'est rendu dans le journal des *Eaux et Forêts* le fidèle interprète. Mais M. Lorentz n'avait pas formé des adeptes à l'Ecole seulement : il en avait formé même hors de l'Ecole, et ces derniers ne furent point les moins fervents. Qui ne se rappelle le talent et la persévérance avec lesquels le très-regrettable M. de Buffévent, par exemple, a défendu les préceptes de l'Ecole et l'institution de l'Ecole elle-même (1). Qui ne sait que parmi les agents les plus éminents du corps forestier il y en a beaucoup qui, quoique n'étant pas sortis de l'Ecole, agissent comme s'ils lui appartenaient?

Ainsi, je le répète, M. Lorentz avait imprimé à cet établissement une impulsion telle que sa présence n'y était plus indispensable, et on devait même présumer qu'il lui serait désormais moins utile en en conservant la direction, qu'en allant siéger dans le conseil d'administration. Après avoir pendant vingt-cinq ans de sa vie mis en pratique ses convictions, il les avait pendant six autres années propagées par l'enseignement ; il lui restait à essayer de les faire adopter franchement par l'autorité supérieure, tenta-

---

(1) M. de Buffévent est mort trop tôt pour sa gloire et pour le bien de l'administration, puisqu'il est mort avant d'avoir pu livrer à la publicité une traduction du *Traité d'aménagement* de Hartig, traduction à laquelle il avait travaillé pendant une grande partie de sa vie, qu'il avait enrichie de précieux commentaires et qui était presque achevée.

tive pleine de périls et qui, par cela même, lui apparut comme un devoir. Il consentit donc à accepter la place qu'on lui offrait et y fut nommé par une ordonnance royale du 1er octobre 1830. Il allait, hélas! au-devant du sacrifice ; son pressentiment ne le trompait pas, et tandis qu'aux yeux du vulgaire sa nomination mettait le comble à sa fortune, il demandait au ciel que les amertumes qu'elle lui préparait pussent servir au moins au bien de son pays.

Sa première épreuve ne se fit point attendre, et celle-là, par exemple, il ne l'avait pas prévue. Immédiatement après son installation, il était atteint dans son aisance par une mesure fort dure : sur la proposition du baron Louis, ministre des finances, proposition dont le motif est toujours resté un mystère, le titre de sous-directeur fut substitué à celui d'administrateur, et le traitement annuel de 20,000 francs, qu'avaient les administrateurs, réduit à 12,000 francs.

M. Thiers, alors secrétaire général du ministère, ayant à notifier ces changements à M. Lorentz, lui offrit au nom du gouvernement une bourse pour ses deux fils dans un des collèges de Paris.

« Je suis touché, lui répondit M. Lorentz, de cette marque de bienveillance, mais je ne puis l'accepter. Jamais je ne me suis séparé de mes enfants; je ferai de mon mieux honneur à ma position sans m'imposer ce nouveau sacrifice. »

Ses plaintes se bornèrent à ces simples et dignes paroles. Sans doute il allait lui être très-pénible d'élever sa nombreuse famille avec le faible traitement qu'on lui allouait, mais enfin il le pouvait au prix de grandes privations, et ses préoccupations étaient ailleurs. Pénétré de ses principes, qui étaient pour lui une véritable religion, il voulait les faire triompher; il eût souffert volontiers bien des maux pour y réussir, et ses plus cuisants chagrins lui vinrent de ce qu'il ne le put au gré de ses espérances.

Comme nous l'apprend M. Parade par la lettre que j'ai reproduite dans sa biographie, « tant que M. Lorentz resta à la tête de l'Ecole, son enseignement ne rencontra que de rares et timides contradicteurs; mais quand il voulut mettre ses principes en action, il souleva au conseil d'administration les débats les plus irritants. » Ce fut dans ces débats que s'usa sa vie. Il était encore dans la force de l'âge lorsqu'il vint à Paris. Que n'eût-il pas fait, si on lui avait laissé les coudées franches! Malheureusement, les neuf années de son séjour à l'administration centrale furent neuf années de luttes continuelles, sauf quelques courtes intermittences; luttes affligeantes et que j'aurais volontiers passées sous silence, s'il n'était pas indispensable de les connaître pour juger l'homme qui en a été la glorieuse victime.

M. Lorentz était trop clairvoyant pour ne pas comprendre qu'il jouait sa position en résistant aux tendances culturales qu'un intérêt de fiscalité mal entendu voulait faire prévaloir dans la gestion des forêts. Néanmoins, il ne faiblit pas un instant, il fut inébranlable : il se montra l'homme juste et tenace dans ses opinions, dont parle Horace, et si sa fermeté ne put ouvrir au courant des idées nouvelles un lit aussi large qu'il l'eût désiré, si même, quelquefois, elle dut être employée tout entière à empêcher qu'on ne le barrât complétement, elle parvint, cependant, à assurer l'avenir d'une assez grande étendue de notre sol forestier. Plus de 50,000 hectares de forêts d'essences feuillués ont été aménagées en futaie pendant sa gestion comme administrateur. Parmi ces forêts, il y en a une, celle de Tronçais, qui a fait l'objet de sa part d'un rapport auquel collabora son gendre, M. Parade; et ce rapport est tout un projet d'aménagement également remarquable par la simplicité et la clarté des règles qui y sont suivies. Mais son zèle, son attitude et son courage produisirent indirectement des fruits encore plus précieux, en soutenant le moral des agents, en les aidant à se maintenir dans la bonne voie. Il y en eut bien quelques-uns qui, pour complaire à de hauts et puissants personnages, renièrent leur maître. Ce fut l'exception. La grande majorité lui resta fidèle.

En cet état de choses, les dissidences qui agitaient le conseil d'administration ne pouvaient manquer d'amener un résultat facile à prévoir : il était évident que tôt ou tard, sans qu'il l'ambitionnât certainement, M. Lorentz serait transformé en chef de parti; or, il avait affaire à un directeur général qui était très-jaloux de son autorité et qui n'aimait pas la contradiction. Ses rapports avec lui se tendirent de plus en plus. La nomination de M. Parade à la direction de l'Ecole, nomination accordée à la recommandation de M. Lorentz, fit à celui-ci une position encore plus difficile et finalement détermina sa chute. Un jour, le 15 septembre 1839, en entrant dans son cabinet, il aperçut sur son bureau l'avis de sa mise à la retraite. Il n'en fut pas surpris. Il lui parut seulement étrange que l'on prévînt de cette façon, de la cessation de ses fonctions, un homme qui avait consacré, pendant trente-cinq ans, toute son intelligence et tout son dévouement au service de l'Etat, et il en fit l'observation au ministre des finances, M. Passy, qui lui adressa la lettre suivante :

« Vous avez réclamé auprès de moi, monsieur, au sujet des termes de la lettre par laquelle je vous ai prévenu que vous étiez admis à faire valoir vos droits à la retraite.

« Ce serait donner aux motifs exprimés dans cette lettre une fausse interprétation que d'y trouver une atteinte quelconque à votre considération personnelle, et la crainte que vous exprimez à cet égard n'a aucune espèce de fondement. Je m'empresse de vous déclarer, monsieur, que l'administration rend justice à vos anciens et honorables services et que, pour la déterminer à se priver du concours de vos lumières, il a fallu que vos idées trop exclusives en matière d'aménagement lui aient paru contraires aux intérêts mieux compris du service dont la direction lui est confiée. »

Sur la marge de cette lettre, le destinataire a inscrit une réflexion qui peint bien l'homme modeste, convaincu et résigné :

« Je suis mis à la retraite ; ce n'est pas trop tôt après quarante-deux ans de service ; — mais le motif donné me paraît fort original : le ministre vent dire que je suis trop porté aux aménagements en futaie.

« Si le principe de la futaie n'est pas adopté encore par les gens de finance, il le sera plus tard par les hommes capables d'apprécier les vrais intérêts de l'Etat, et ce qui m'a valu des reproches en 1839, deviendra pour moi un titre d'honneur. »

Cependant, la réponse du ministre ne le satisfait pas ; il veut en avoir le cœur net ; il demande une audience et il l'obtient ; il va exprimer à M. Passy sa légitime indignation ; il lui expose sa ligne de conduite, les motifs de ses convictions, des dissentiments qui se sont produits dans le conseil d'administration. Ces accents chaleureux d'un honnête homme touchent et éclairent le ministre qui reconnaît qu'on l'a peut-être trompé, et se montre disposé à revenir sur la mesure qu'on lui a arrachée.

C'était plus que ne désirait M. Lorentz : bien aise d'avoir convaincu le ministre de la droiture de ses vues, il le remercia de ses bonnes intentions et accepta sa mise à la retraite. Il se croyait à bout de forces. Il éprouvait le besoin du repos, surtout depuis la perte de sa chère femme, morte en 1836.

Cette retraite précipitée et prématurée produisit dans les départements une profonde et fâcheuse sensation. Les motifs ne tardèrent pas à en être connus et ils ne furent pas commentés, en général, en faveur de l'autorité supérieure. Cependant, comme j'ai entendu reprocher à M. Lorentz de n'avoir pas sacrifié ses principes aux exigences de la direction générale et taxer sa résistance, disons franchement le mot, d'insubordination, je ne crois pas inutile de combattre ici cette interprétation, d'autant que rien n'est plus répréhensible, selon moi, qu'une atteinte à la discipline administrative. La question est de savoir si, de la part de M. Lorentz, cette atteinte a eu lieu ou si, au contraire, en agissant comme il l'a fait, il n'est pas resté dans les limites de son droit : auquel cas, il aurait rendu hommage à cette même discipline qu'on l'accuse d'avoir violée ; car l'ordre n'existe que là où chacun peut user et use complétement de son droit.

M. Lorentz, après avoir pendant trente et un ans, d'abord comme agent du service actif, ensuite comme directeur de l'Ecole, pratiqué et professé la supériorité du régime de la futaie sur celui du taillis, est appelé dans le conseil d'administration. Il cherche naturellement à faire prévaloir ses doctrines. Le directeur général ne les adopte pas et veut lui en imposer d'autres. M. Lorentz résiste, et il résiste, au prix même de sa position. Lui sans fortune, père de sept enfants, il se condamne aux plus dures privations plutôt que de consentir à une apostasie, à une palinodie, qui eût été à ses yeux contraire aux intérêts de son pays ! Qu'y a-t-il là de blâmable ? Qu'on ne le loue pas de son courage, si l'on veut ; mais qu'on lui en fasse un grief, c'est inadmissible. Ah ! si M. Lorentz, alors qu'il était dans l'activité, avait refusé d'exécuter un plan d'exploitation approuvé par l'administration, j'aurais compris qu'on l'eût taxé d'insubordination ; mais qu'on lui en ait fait le reproche, parce que, comme membre d'un conseil, il n'a obéi qu'à la voix de sa conscience et n'a pas consulté l'opinion de son supérieur, avant d'émettre la sienne, cela me paraît exorbitant. La sincérité chez un conseiller n'est point seulement un droit, c'est un devoir, et ce devoir s'accroît naturellement avec la gravité du sujet en délibération ; or, pouvait-il y en avoir de plus grave que celui qui consistait dans le choix du régime applicable à nos forêts? Est-ce que la fortune du pays n'en dépendait pas? Est-ce qu'il était permis, en pareille occurrence, à un homme intègre et loyal de violenter sa conscience pour se concilier la bienveillance de son chef? Soutenir l'affirmative, ce serait, dans une administration comme celle des forêts surtout, où il suffit d'un coup de hache maladroit pour causer un très-grand mal, proclamer un principe des plus dangereux. Il importe, au contraire, que l'indépendance des agents dans leurs avis et leurs propositions soit entièrement sauvegardée. Ce n'est pas seulement une condition de dignité pour eux, c'est une condition de succès pour le service, et il est désirable que le noble exemple de M. Lorentz trouve, le cas échéant, des imitateurs. La discipline n'a rien à voir dans cela; elle n'est en question que lorsqu'il s'agit d'obéir à un ordre formel et prévu par les règlements. Au surplus, puisque l'occasion de parler de la discipline administrative s'est présentée, j'en profiterai pour dire à ce sujet toute ma pensée.

Les fonctionnaires en général, mais particulièrement ceux que fournissent les écoles spéciales, ne sont plus, à ce qu'il paraît, sinon aussi obéissants, du moins aussi soumis qu'ils l'étaient autrefois. On assure que leur esprit d'indépendance est une source d'embarras pour l'administration. J'accepte le fait comme vrai, et je reconnais que, jusqu'à un certain point, il est regrettable ; mais je suis persuadé, néanmoins, qu'il se lie à trop d'avantages pour que l'on doive, en définitive, s'en plaindre. Est-il bien que les aspirants aux fonctions publiques aient passé par des épreuves, aient justifié de leur capacité avant d'obtenir un emploi? Qui oserait le nier? Or, si cela est bien, il faut en subir avec résignation les conséquences, et ces conséquences sont : que les employés qui ne doivent leur position qu'à leur mérite se regardent comme affranchis de toute reconnaissance vis-à-vis de l'autorité qui les a nommés ; qu'ils se considèrent comme ayant des droits acquis à la conservation de leurs places, droits qui constituent une sorte de propriété aussi légitime que les autres; que, tout en étant disposés à obéir aux ordres qui leur sont donnés, ils se croient autorisés à les apprécier; qu'en un mot, ils ne savent pas pratiquer l'obéissance passive.

Je reconnais encore une fois que ce sentiment de leurs droits et cet esprit d'indépendance des fonctionnaires ont des inconvénients; ils rendent plus difficile le maniement des hommes; mais pour quelques inconvénients, que d'avantages ne comportent-ils pas! Est-il nécessaire de les indiquer dans une administration comme celle des forêts, par exemple, où rien de bon ne se peut faire sans de la bonne volonté, où d'ailleurs les agents de grades différents sont tenus de se concerter et de s'entendre, quand il s'agit d'opérations importantes, où enfin il régnera toujours, grâce aux progrès des lumières, une certaine égalité entre les hommes, quels que soient leurs rangs respectifs dans la hiérarchie; car si les chefs ont plus d'expérience et plus de sagesse, les subordonnés ont plus de connaissances théoriques. Qui ne voit que la soumission exagérée, l'obéissance passive, si elle pouvait être imposée aux inférieurs, détruirait chez eux toute initiative et comprommettrait les résultats de leur gestion ? Ainsi, dans une administration fortement organisée sous le rapport des garanties de capacité et telle, par ses attributions, que les services n'y peuvent être utiles qu'à la condition d'avoir été inspirés par le zèle, l'obéissance efficace ne saurait s'obtenir que par la persuasion (1).

Peu de temps après la mise à la retraite de M. Lorentz, M. Bresson, ayant été appelé à la direction générale des forêts, regretta beaucoup de ne plus y voir un homme dont il avait été à même d'apprécier plusieurs fois l'utile collaboration, et, ne pouvant le réintégrer dans ses fonctions d'administrateur, il voulut au moins mettre encore une fois à profit son savoir et son expérience. En conséquence, il lui fit donner une mission extraordinaire dans les départements du midi de la France. Le programme de cette mission comprenait les objets suivants :

Examiner les questions relatives à l'ensemencement des dunes de Gascogne, à l'exploitation, au gemmage du pin maritime et à l'opportunité d'étendre le système de fermage qui venait d'être appliqué pour la première fois en 1839; formuler à ce sujet des règles et des principes qui puissent être professés à l'École de Nancy ;

Remplir une autre lacune qui existait dans l'enseignement de l'École, en ce qui concernait la culture et le traitement du chêne-liége ; rechercher les moyens de propager cette précieuse essence et de combattre les incendies dont elle est souvent victime ;

Étudier la question du pâturage, et voir s'il est possible d'en concilier les nécessités avec les soins que réclame la conservation des forêts ;

Examiner l'état général des forêts dans le Midi, et surtout dans les Pyrénées et les Alpes, dont le déboisement faisait de rapides progrès.

Cette tâche ne pouvait être confiée, disait le directeur général dans ses propositions au ministre, qu'à un homme d'une capacité éprouvée et versé dans les connaissances qui se rattachent à l'économie forestière.

C'était, en effet, une mission hérissée de difficultés. M. Lorentz y consacra près de sept mois.

Les lecteurs des *Annales forestières* ont pu se faire une idée du talent avec lequel il l'a remplie par l'extrait de son rapport concernant le reboisement des montagnes des Alpes et des Pyrénées, qui a été publié dans le premier volume des *Annales forestières*.

Ce rapport, rédigé pendant l'hiver de 1840-41, le dernier acte de l'homme public, n'est pas le moins remarquable. Un homme comme M. Lorentz, qui savait embrasser l'ensemble des choses après en avoir exactement observé les détails, qui connaissait leurs relations et concluait de l'une à l'autre avec certitude, qui, par sa longue habitude de remonter des effets aux causes, pouvait, à la vue d'un peuplement, en écrire l'histoire, était seul capable d'éclairer, dans un si court espace de temps, un

---

(1) M. Michel, qui a rendu tant de services à notre cause, comme directeur des *Annales forestières*, a publié en 1843 dans ce Recueil, sur les garanties administratives, une série d'articles dont je conseille la lecture aux partisans de l'absolutisme en matière d'administration.

sujet aussi vaste et aussi complexe que celui qui avait été soumis à son examen.

Après avoir exposé, dans un style élevé, mais sans prétention, simple et précis, l'étendue et les causes du mal, il indique les moyens d'y remédier ; et ces moyens que voici, on est en train de les appliquer, car la loi sur le reboisement des montagnes les a adoptés.

« Des commissions spéciales, dit M. Lorentz, composées chacune de deux membres et d'un géomètre, auxquels seraient adjoints des délégués des parties intéressées, devraient préalablement explorer les lieux et déterminer les parties auxquelles il serait à propos de ne donner d'autre destination que le pâturage, ainsi que celles où, dans l'intérêt général, le pâturage serait expressément prohibé.....

« Le travail des commissions étant terminé, le gouvernement prescrirait le reboisement de toutes les parties de montagnes où il y aura urgence de l'effectuer, et le ferait exécuter aux frais de l'État, par les soins de l'administration forestière, sur tous les points où les propriétaires persisteraient à s'y refuser. Il est bien entendu que le domaine prendrait possession des terrains ainsi boisés jusqu'à ce que le gouvernement fût entièrement remboursé de ses avances par les anciens propriétaires des terrains ainsi semés, ou jusqu'à ce que, par la suite des temps, la jouissance du bois provenant des semis l'eût complétement dédommagé. Il serait à désirer que l'administration publique fût investie de ce pouvoir, sauf à n'en user qu'après avoir épuisé tous les moyens de persuasion et de conciliation..... »

C'est exactement ce que l'on fait aujourd'hui : l'administration détermine les périmètres dans lesquels le reboisement serait d'intérêt général. Si les propriétaires de ces terrains sont des communes ou des particuliers, elle les met en demeure de procéder au reboisement, et, en cas de refus, elle y procède elle-même, sauf à se dédommager plus tard de ses avances. Il est vrai qu'on a imaginé en outre, pour amener le reboisement des montagnes, dautres moyens auxquels M. Lorentz ne s'est pas arrêté, tels que les primes, les exemptions d'impôts, etc.; mais on peut craindre que ces moyens accessoires ne soient suivis d'aucun résultat sérieux, et, quant à moi, je considère, je l'avoue, comme très-compromises les ressources qu'on y a consacrées.

V

Dès que M. Lorentz eut achevé la mission dont il s'était chargé et rendu ce dernier service à son pays, il rentra dans la vie privée ; et, en y rentrant, il consignait dans son journal la déclaration suivante, que je recommande à la méditation de ceux qui ont suspecté sa modération et son impartialité :

« Je me rends la justice d'avoir payé mon tribut ; j'ai donc le droit de dormir tranquillement en attendant mon dernier sommeil. Du fond de mon asile, je n'en prendrai pas moins d'intérêt à ce qui fera prospérer notre administration. On fait beaucoup en ce moment pour le personnel ;

le matériel, à la vérité, est un peu sacrifié. La Providence y pourvoira ; elle a donné à l'homme actuel la mission de créer des instruments ; un autre viendra pour les mettre en œuvre, et nos *pia desideria* seront finalement exaucés. »

Le moment du repos n'était pas cependant encore arrivé pour lui. Il avait soixante-sept ans seulement, et sa forte constitution répugnait à une vie inactive. Aussi passa-t-il encore trois ans tantôt à Paris, tantôt en voyage dans les régions forestières vers lesquelles il se sentait toujours entraîné. Il parcourut, en 1843, les beaux massifs de l'Orne et de la Sarthe, en compagnie de son ami et disciple, M. de Buffévent, alors conservateur à Alençon.

A la fin de 1844, il alla habiter Strasbourg, avec l'intention de s'y fixer ; mais, en 1850, le mariage de l'une de ses filles avec un professeur du lycée de Colmar le décida à se retirer dans sa ville natale.

A partir de cette époque, sauf un voyage fait à Paris en 1851, sa vie s'écoula doucement au milieu de ses enfants, l'été à la campagne, en Suisse, en Allemagne, le plus souvent à Ribeauvillé, où il se retrempait au spectacle des forêts qu'il avait lui-même plantées.

Affranchi de tout travail obligatoire, il n'était cependant jamais oisif : sa nombreuse famille l'occupait beaucoup, car rien ne s'y faisait sans qu'il fût consulté. Elle avait conservé ces habitudes patriarcales, une des bonnes choses regrettables de l'ancien régime. Il consacrait aussi du temps à l'entretien des relations qu'il avait nouées dans le cours de sa longue carrière ; car il ne voulait rien perdre par sa faute de ce qui constituait sa vie morale. Enfin, il allait au-devant des malheureux et se procurait par là une foule d'occasions d'employer ses loisirs.

Bienveillant pour tout le monde, il l'était surtout pour ceux d'une position sociale au-dessous de la sienne, pour ses serviteurs, pour les ouvriers, les paysans auxquels il avait affaire. Un jour, son notaire lui propose un renouvellement de fermage plus avantageux ; il lui répond : « Je ne suis pas assez riche pour ne pas désirer de faire valoir mes propriétés le plus possible ; mais je serais fâché d'y parvenir aux dépens des fermiers. Les hommes qui travaillent doivent trouver la récompense de leurs peines. » Voilà un trait de charité bien simple et qui néanmoins prouve plus en faveur d'un homme que ne ferait un élan de générosité éclatant, mais irréfléchi. Le premier est l'indice d'un état habituel, normal, de l'âme ; le second pourrait n'être qu'accidentel. Les mouvements impétueux de la générosité sont souvent suivis de mouvements en sens contraire qui reprennent ce que les autres ont donné, tandis que la charité calme, réfléchie, prudente, n'a pas de retour, de regret, et produit des effets durables. Aussi la bonté de M. Lorentz était-elle très-sympathique et lui attachait-elle pour toujours ceux qui l'avaient ressentie. On se rappelle ce vieux domestique, Anton Fischer, qui servit de guide à Mme Lorentz, lorsqu'elle fut obligée de se réfugier en 1815 dans Strasbourg, pendant que son mari commandait un corps de partisans sur la frontière. Ce brave homme, après avoir mis Mme Lorentz en sûreté, alla rejoindre son maître auquel il avait voué un attachement sans bornes. Or celui-ci était dans une grande perplexité, car il ne savait comment faire parvenir de ses nouvelles à sa famille pour calmer ses angoisses. Toute communication avec elle paraissait impossible, puisque Strasbourg était investi. Anton Fischer conçoit alors l'audacieux projet de pénétrer dans la place en passant à travers l'armée des alliés, et il l'exécute au risque d'être pris et fusillé comme espion.

On ne provoque de tels actes de dévouement que lorsqu'on est soi-même capable de les accomplir. Au reste, M. Lorentz édifia, jusqu'à la fin de son existence, sa ville natale par ses vertus.

Des pertes cruelles l'éprouvèrent : son fils aîné, son fils Edmond, lui fut enlevé en 1856, après une longue maladie. Ce fils, dans l'intimité duquel j'ai vécu plusieurs années, ne le cédait à son père ni par l'étendue de l'intelligence ni par la noblesse du cœur ; mais il avait moins de résignation au spectacle des misères humaines. Il ne se bornait pas à s'en indigner ; il s'irritait contre lui-même de ne pouvoir y remédier, de ne pouvoir réformer les hommes, les faire à son image, et cette irritation à la longue finit par ébranler sa constitution. C'est un des plus frappants exemples que j'aie rencontrés dans ma vie de l'influence meurtrière que peut avoir sur le corps une âme généreuse et trop ardente dans ses aspirations vers le bien (1). A ses qualités morales et intellectuelles, Edmond Lorentz joignait une instruction très-variée. Élève de l'École centrale des arts et manufactures, il s'était fait une place éminente dans le corps des ingénieurs civils. On doit à sa coopération de grands travaux, le palais de l'Exposition et le chemin de fer de Gray à Saint-Dizier, entre autres. Sa mort fut donc une perte non-seulement pour sa famille et ses amis, mais aussi pour son pays ; et son vieux père, quand il en apprit la nouvelle, trouva que le ciel lui faisait payer bien chèrement la prolongation de son existence. Plus tard, d'autres pertes vinrent s'ajouter à celle-là et lui rendre plus lourd encore le fardeau des ans. Il vit mourir plusieurs de ses petits-enfants. Puis, l'impitoyable destin le frappa d'un dernier coup qui ne fut pas le moins terrible en lui enlevant son gendre, M. Parade, le continuateur de son œuvre, son fils adoptif.

Il ressentit très-fortement toutes ces douleurs, car son cœur, tant qu'il battit, conserva toute sa sensibilité ; mais il les supporta en stoïcien, en homme dont la vertu est supérieure à tous les événements humains.

Son intelligence, au milieu de ces rudes épreuves, ne perdit jamais rien de sa fermeté. A un âge où la plupart des hommes n'ont que de l'indifférence, sinon du mépris, même pour ce qui les a le plus passionnés, il continuait de suivre avec sollicitude les progrès de l'administration et le succès des idées dont il avait été le propagateur. Il aidait de ses conseils celui de ses fils qui a embrassé la même carrière que lui et se tenait au

(1) Ah ! j'en ai rencontré un autre dans Alfred Hervé, un de mes jeunes camarades, mort à trente-cinq ans à Strasbourg, où il était inspecteur des forêts. Lui aussi avait une de ces natures qui ne trouvent pas dans leur vertu et dans leur bonheur domestique une compensation suffisante au chagrin que leur causent les vices et les malheurs des autres hommes.

courant de tous ses travaux. Peu avant sa fin, les bruits d'aliénation parvinrent jusqu'à ses oreilles ; il s'en inquiéta, et comme son fils, pour lui épargner un chagrin, lui dit que ces bruits n'étaient pas fondés, il lui répondit en secouant la tête : « Ah ! je crains bien que tu ne me caches la vérité ! » Huit jours avant sa mort, il écrivait encore à ce fils quelques lignes terminées par ces mots : « Dieu merci, l'opinion publique se prononce en faveur de mes chères forêts ! » Ainsi, jusqu'à son dernier souffle, il s'est intéressé aux choses qu'il avait jugées, au début de sa carrière, dignes de son attention. Jusqu'à son dernier souffle, il a accompli son devoir dans ce monde, en se préoccupant de l'améliorer. Ni ses revers de fortune, ni ses malheurs domestiques, ni ses infirmités, ni la perspective d'une mort imminente ne purent le détourner de songer au bien public.

Le moment approchait cependant où tout allait finir pour M. Lorentz ici-bas. Dans le courant de février 1865, il fut pris d'un fort rhume accompagné de fièvre qui l'obligea de garder le lit. Son médecin le déclara perdu, et lui-même ne se fit aucune illusion à cet égard. Ses enfants s'empressèrent d'accourir. Une de ses filles, la dernière arrivée, hésitait à se montrer, dans la crainte de lui causer une fâcheuse émotion ; mais il l'aperçut et lui dit : « Je te remercie d'être venue. J'avais besoin de vous sentir tous autour de moi. » Mieux que personne il savait que la mort s'avançait à pas rapides ; il était préparé à la recevoir. Bien plus, il la souhaitait depuis longtemps, depuis que sa caducité physique était trop gênante pour sa vitalité morale. Cette antipathie entre son corps et son esprit lui occasionnait parfois des impatiences d'une sublime naïveté. « Ce vieux corps, disait-il, cette guenille me fatigue, m'est insupportable ; elle n'est plus bonne à rien. » Son âme aspirait à changer de vêtement. Elle allait être satisfaite ; mais, hélas ! sa délivrance ne devait pas s'opérer sans souffrances. Lorsque l'heure suprême fut proche, cette belle âme, pour se dégager de son enveloppe, eut à rompre un à un tous les liens qui l'y rattachaient ; et ces liens, quoique usés, ne se brisèrent pas sans déchirements. Cependant, aucune plainte ne sortit du corps agonisant, et quand le sacrifice fut consommé, le 5 mars 1865, à deux heures du matin, M. Lorentz, entouré de ses enfants, qui hésitaient entre la douleur et l'admiration, leur dit avec tendresse : « Chers amis, nous allons nous séparer ; je le regrette à cause de vous. Quant à moi, j'en avais assez de la vie. » Peu de temps après, il expirait, calme, souriant, et marqué au front de ce caractère surnaturel que l'âme triomphante imprime, en le quittant, au corps qui l'a bien servie.

Une pareille mort est la meilleure démonstration d'une vie parfaitement remplie et n'a rien d'effrayant. Quels que soient les pleurs qu'elle arrache à ceux qui en sont témoins, elle fortifie leur cœur au lieu de l'affaiblir, et il ne serait pas digne de l'homme qui nous en a donné l'édifiant spectacle, de s'abîmer dans la douleur quand on déplore sa perte. Il y a mieux que cela à faire : il y a à marcher autant que possible sur ses traces et à se rendre capable de mourir comme lui.

« Quiconque, dit le grand Descartes, a vécu de telle sorte que sa conscience ne lui peut reprocher qu'il ait jamais manqué à faire toutes les choses qu'il a jugées être les meilleures, qui est ce qu'on nomme suivre la vertu... » M. Lorentz eut cette vertu, et il l'eut sans défaillance. Il eut aussi ce que Juvénal conseille aux hommes de demander au ciel pour tout bien : il eut un cœur ferme pour qui la mort n'avait point d'épouvante, et qui savait compter la fin de la vie parmi les bienfaits de la nature. Enfin, s'il ne pratiquait pas la religion catholique dans laquelle il était né, je peux assurer qu'il était profondément religieux. La parfaite sérénité de ses derniers moments, la constance de son attachement pour les personnes et les choses qui devaient lui survivre, le prouvent surabondamment. Il avait foi dans un monde meilleur, non pas peut-être cette foi qui se fonde sur des miracles ou sur les données d'une science orgueilleuse, mais celle qui résulte des inspirations d'une conscience pure et d'un cœur sensible. Trop éclairé pour se contenter de la foi du charbonnier, il sentait bien d'un autre côté que l'existence de Dieu et l'immortalité de l'âme ne se démontrent pas par le calcul infinitésimal, et il repoussait avec une égale vivacité, en matière religieuse, les superstitions de l'ignorance et les prétentions des savants.

TASSY

Paris. — Typographie HENNUYER ET FILS, rue du Boulevard, 7.

www.ingramcontent.com/pod-product-compliance
Lightning Source LLC
Chambersburg PA
CBHW061118050726
47594CB00005B/1987